TOKYO
GIRL'S
FASHION
DIARY

ニシイズミ ユカ

実業之日本社

この大都会東京で、
自分らしく、のびやかに
おしゃれを楽しんでいきたい。

はじめに

　2014年から5年間、こつこつと描き続けた「私服日記」と「街角ドローイング」が1冊の本になりました。19歳で東京に上京し、ファッションを学び、デザイナーとして過ごした7年間。流行が移り変わる速度に戸惑いながらも、東京で生きる人々のファッションに日に日に魅了されていきました。
　私は昔からファッション誌を読むことが大好きで、地元の静岡県にいる時は、Zipperや装苑などのファッション誌の街角スナップを何度も読んでは都会に憧れを抱いて過ごすような高校生でした。
　ファッションに対して強い憧れを抱きながらも、地元で個性的な服を着ることが気恥ずかしく、当時は無難な服ばかり選んでいました。
　その後ファッションの専門学校へ通うために上京し、街ゆく人や同じ学校の同級生を見て「ファッションってこんなに自由でいいんだ！」と感動したことを、昨日のようにおぼえています。
　東京という様々な文化やファッションに寛大な土地が、私のファッションに対する内向的な意識を変えてくれたのです。
　この本では、日頃の私服や街角で見かけた人々の着こなしを約120パターンのイラストで紹介しています。
　着こなしに細かなルールや規則性はありません。唯一重視していることは、TPOに配慮しながら自分自身が好きだと思えるものを好きなように着ているかどうか、という事です。
　皆さんがこの本を読んだ時、「明日は何を着ようかな」「明日はどこに行こうかな」と思わずウキウキするような、そんな前向きな気持ちになっていただけたら幸いです。

CONTENTS

Chapter 1

Spring

White Shirts　ホワイトシャツ »»» *18*

Border Tops　ボーダートップス »»» *20*

Color Tops　カラートップス »»» *24*

Chiffon Blouse　シフォンブラウス »»» *28*

One piece　ワンピース »»» *31*

Trench Coat　トレンチコート »»» *34*

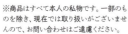

※商品はすべて本人の私物です。一部のものを除き、現在では取り扱いがございませんので、お問い合わせはご遠慮ください。

Chapter 2

Summer

T-shirt　Tシャツ »»» 40

Khaki Work Pants　カーキワークパンツ »»» 44

Textile　テキスタイル »»» 47

Vitamin Color　ビタミンカラー »»» 51

Basic Color　ベーシックカラー »»» 55

Yukata　浴衣 »»» 58

Chapter 3

Autumn

Stripe Shirts 　ストライプシャツ》》》 *66*

Wool Pleated Skirt 　ウールプリーツスカート》》》 *68*

Outdoor 　アウトドア》》》 *70*

Scarf 　スカーフ》》》 *72*

Check 　チェック》》》 *74*

Men's Item 　メンズアイテム》》》 *77*

Mohair Knit 　モヘアニット》》》 *80*

Autumn Color 　秋カラー》》》 *82*

Chapter 4

Winter

Turtleneck タートルネック »»» 90

Black Tight Pants ブラックタイトパンツ »»» 94

Deformed Knit 変形ニット »»» 97

Red Skirt レッドスカート »»» 100

Coat コート »»» 102

Basic Knit ベーシックニット »»» 106

Riders Jacket ライダースジャケット »»» 110

Column

Snap 街角スナップ
日比谷 »»» 36／浜松 »»» 37／銀座 »»» 60
六本木 »»» 62／渋谷 »»» 63、112／神戸 »»» 86
名古屋 »»» 87／新宿 »»» 114／表参道 »»» 115

Coffee 喫茶店 »»» 116

Feature

Nail ネイル »»» 120

Accessories 手作りアクセサリー »»» 124

Sketchbooks スケッチブック »»» 125

街で見かけたおしゃれな人の小物使いをメモ。シンプルな服でも、スカーフやアクセサリーなどのちょっとした小物を取り入れると、一気に雰囲気が変わるのが楽しい。

Chapter 1

Spring

White Shirts

Border Tops

Color Tops

Chiffon Blouse

One piece

Trench Coat

Spring Fashion

5.25
とあるイベントに参加した時の着こなし。白シャツにオレンジのプリーツスカートでシンプルに。パイソン柄のパンプスはカジュアルにもエレガントにも寄せられる便利アイテムです。

Today's Special

Hilltop Hotel

山の上ホテルにある「コーヒーパーラーヒルトップ」は12時間かけて抽出するアイスコーヒーがおすすめ。コースターのデザインがかわいい！

My Favorite

ハイヒールは5cmの高さがお気に入り。3cmよりもスマートで、7cmよりも歩きやすい。

white shirts » UNITED ARROWS
skirt » Plantation
shoes » TOMORROW LAND

ホワイトシャツ 1
White Shirts 1

Spring Fashion

ベレー帽は、形がシンプルなぶん、被った時のサイズ感やシルエットを重視して選んでいる。

My Favorite

Mame KurogouchiのショルダーバックはデコラティブなデザインとPVC素材の軽やかさのバランスが素敵。

3.10

初夏のモノトーンコーデは素材感が重要！ PETIT BATEAUのチビTシャツにさらっと白シャツを羽織り、サッカー調の軽やかなパンツを合わせました。

hat » CA4LA
t-shirts » PETIT BATEAU
white shirts » Ralph Lauren
pants » HaaT
shoes » 無印良品
bag » Mame Kurogouchi

ホワイトシャツ 2

White Shirts 2

Spring Fashion

@日比谷野外大音楽堂

My Favorite

大好きなceroのライブへ。

4.23

メンズのプチプラなボーダーカットソーにベレー帽を合わせたフレンチスタイル！ ベレー帽は白とネイビーをひとつずつ持っておくととても便利です。古着で買ったカーキのワークジャケットは色落ち具合がいい感じ。

カーキのワークジャケットはワイドパンツやフレアスカートと合わせることが多いため、丈が短めで上半身にボリュームを出しやすいドロップショルダーのものをチョイス。

hat» BEAMS BOY
border tops» GU
jacket» fabrique enplanete terre
pants» Edwina horl
shoes» REGAL
bag» 無印良品

ボーダートップス 1
Border Tops 1

Spring Fashion

My Favorite

昔から大相撲のファンで、毎年両国国技館に観戦へ。ごひいきは佐田ノ海関。

ご贔屓力士
Sadanoumi
佐田ノ海

綿素材のタック入りフレアスカート。オールシーズン着用できる素材感。

5.24

大好きな相撲観戦へ。地元の古着屋で購入したスカーフを首元に巻けば、シンプルなコーデのアクセントになります。頭に巻くアレンジもしてみたい！

border tops » 無印良品
skirt » MARGALET HOWELL
shoes » CONVERSE
bag » 無印良品
scarf » used

ボーダートップス2

Border Tops 2

Spring Fashion

ボーダーのトップスはシルエットやボーダーの幅違いで10着ほど所有している。

3.25

ドロップショルダーのトップスをこよなく愛する私が一目ぼれしたバスクシャツ。丈が短めのトップスはボリュームのあるボトムと合わせてもバランスよく着こなせます。

border tops » Traditional Weather Wear
pants » MUJI Labo
shoes » 無印良品
bag » ORCIVAL

My Favorite

ORCIVALのリバーシブルトートは使いやすくてお気に入り。パブロ・ピカソはORCIVALとSAINT JAMESのバスクシャツを好んで着ていたらしい。

ボーダートップス3

Border Tops 3

Spring Fashion

1 スカーフを半分に折る

2 さらに細く折りたたむ

3 頭の後ろから巻き、リボンをつくる

4 完成！

リボン部分はかくすと◎

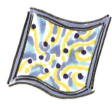

My Favorite

インド製のシルク100％のスカーフ。首に巻いたりするものだから、素材や風合いにこだわりたい。

5.6

急に気温が上がった今日は、古着で購入したロングワンピースを着たリラックススタイル。軽やかな素材感でとろみがあって着心地抜群。PETIT BATEAUの「チビT」のストライプバージョンを合わせました。

border tops » PETIT BATEAU
one piece » arcatere
shoes » CONVERSE
scarf » no brand

ボーダートップス 4

Border Tops 4

Spring Fashion

サングラスは細いフレームのものを選ぶと、主張が強すぎずコーディネートに取り入れやすい。

浅草に立ち寄ると必ずといってよいほど足を運ぶ「アンヂェラス」。店名と同じ名前のケーキは、優しい味わい。

Today's Special

5.10

友達と浅草散歩。春夏に大活躍する派手色ニットは、ざっくりとしたローゲージの網目で軽やかな印象です。歩き回る日はやっぱりスニーカー。アイテムの色がカラフルでも、黒と合わせればすっきり決まります。

knit» GALERIE VIE
one piece» arcatere
shoes» CONVERSE
bag» bulle de savon

カラートップス 1
Color Tops 1

Spring Fashion

My Favorite

beautiful peopleのVネックカーディガンは前身頃と後ろ身頃のどちらにも前立てがあり、止めるボタンの数を調整することで前後のVの空き具合を調整できる。

4.22

ペールトーンのカーディガンに白パンツを合わせた春コーデ。春先に明るい色を身につけるとついウキウキしてしまいます。トップスに色が多い時はボトムから足元のカラーを統一するとすっきりとした印象に。

knit》 beautiful people
shirts》 URBAN RESERCH
pants》 RNA-N
shoes》 無印良品
bag》 bulle de savon

カラートップス2

Color Tops 2

Spring Fashion

ピンクのニットは、丈が長めのインナーや、サーマルのような異素材のアイテムと組み合わせてレイヤー感を楽しめるアイテム。

4.18

少しづつ暑さが増してくる5月初旬は上半身のレイヤードを楽しみながら、足元は軽やかに。レイヤー入りのシャツワンピースは、スリットから覗くインナーカラーでおしゃれを楽しみたい。

My Favorite

トップスと色を合わせたピンクの靴下。意外と汎用性が高くておすすめ。少し辛めなモノトーンコーデの時も、足元からピンクがチラ見えするだけでほんのりガーリーな印象に。

tops » UNITED TOKYO
shirt » Steven Alan
shoes » CONVERSE

カラートップス 3
Color Tops 3

Spring Fashion

PATH
at Yoyogihachiman.

代々木八幡のビストロPATHへ。お目当てはモチモチとサクサクの両方の食感を味わえる、びっくりするくらいおいしいクロワッサン！

Today's Special

5.5

気づいたら増えていたオレンジの服たち。ロングボトムには、ストラップつきのパンプスや靴下など足首を少しカバーするアイテムを合わせて、思いきりカジュアルに着こなすのが好き。

tops » ORCIVAL
shirts » Plantation
shoes » 無印良品
bag » 無印良品

カラートップス4
Color Tops4

Spring Fashion

My Favorite
トートバッグがほしくて自分で手作り！ 肩に食い込んだり、モノが入れにくかったり、まだまだ改善の余地あり。素材探しも楽しみのひとつ。

4.26
フリルたっぷりで甘々なデザインがお気に入りのZARAのブラウスは白と黒の2色買いしました。胸元のスモッキングと袖のボリューム感、フリルがたっぷり使われていてガーリーな印象なのに、単色だからメンズライクなワイドパンツにも合います。

chiffon blouse》 ZARA
pants》 Edwina Horl
shoes》 REGAL

シフォンブラウス1

Chiffon Blouse 1

Spring Fashion

5.7

ブラックコーデに靴下でさし色をプラス。シフォンのブラウスに、ハードなデニムスカートを合わせた甘辛MIXスタイル。オールブラックのコーディネートの時は白のベルトでウェストマークするのがお気に入り。

My Favorite

持ち手がぼろぼろになるくらい使っているLACOSTEのバッグ。どんな格好にもマッチする。

My Favorite

明るい色味の靴下が増えている気が…！ ピンクや赤などがお気に入り。

chiffon blouse» ZARA
skirt» H&M
shoes» CONVERSE
bag» LACOSTE

シフォンブラウス2

Chiffon Blouse 2

Spring Fashion

My Favorite
白いパーツで作ったオリジナルピアス。大ぶりなのでコーディネートのアクセントになる。

3.30
甘めのアイテムには、スニーカーやパンツなどカジュアルでボーイッシュなものを合わせると取り入れやすくなります。ボリューム感のあるオールインワンは、ウエストが締まったシルエットに光沢のある素材なのでカジュアルダウンしすぎなくて◎

chiffon blouse» ZARA
all in one» SLY standard
shoes» CONVERSE

シフォンブラウス3

Chiffon Blouse 3

Spring Fashion

Today's Special

表参道のスパイラルという複合文化施設の中にあるお店「家と庭」へ。

My Favorite

ワンピースは厚手の素材なので、タートルネックやデニムパンツを重ねれば、秋冬でも着こなしを楽しめる。

5.30

仕事でライブペイントのイベントへ。開衿した襟もとや裾のスリットがお気に入りのロングワンピースに、大ぶりのイヤリングでアクセントをつけました。エレガントなコーデをカジュアルに振りたい時はハイカットスニーカーをよく合わせます。

one piece » ADAM ET ROPÉ
shoes » CONVERSE
earring » IENA

ワンピース 1

One piece 1

Spring Fashion

4.20
UNIQLOで購入したAラインのシャツワンピースは、さらっとしたタッチが心地よくてお気に入り。足元にはトレンドのサーマルレギンスとハイカットのコンバースを合わせました。

重心が下にあるコーディネートの時は、髪をアップにして首を見せればすっきりとした印象に。

My Favorite
オールホワイトのカゴバッグはPI-PROJECTのもの。メキシコのハンドメイド品だそう。程よい大きさでカラー展開も豊富！ 白なのに汚れにくいのもポイント。

one piece » UNIQLO
shoes » CONVERSE
bag » B shop

ワンピース2
One piece 2

Spring Fashion

My Favorite

パーツ屋で購入した雫型のストーンを使用したハンドメイドアクセサリー。ウェービーな髪型に揺れるピアスは相性が良い。

3.22

アースカラーでまとめたコーディネート。Aラインのワンピースには襟抜きにしたジャケットを合わせたい気分です。ミリタリー風のショートジャケットはハードな印象なので、とろみ素材のワンピースを合わせると程よいバランス感です。

jacket» fabrique enplanete terre
one piece» SLOBE IENA
shoes» TOMORROW LAND
bag» LACOSTE

ワンピース 3

One piece 3

Spring Fashion

Today's Special

浅草の喫茶店「珈琲天国」のホットケーキ。オリジナルグッズの「冥途の土産」にネーミングセンスが光る！

3.9

ベーシックなデザインのトレンチコートをカジュアルに着こなしたい時は、フード付きパーカーを中に仕込むと◎。首元にボリュームが出るので、襟足はスッキリとアップヘアがおすすめです。

My Favorite

コーディネートをスポーティーにしたい時は、ライン入りのショートソックスをスニーカーと合わせる。

trench coat» IENA
parka» 無印良品
skirt» agnès b.
shoes» CONVERSE
bag» ORCIVAL

トレンチコート 1
Trench Coat 1

Spring Fashion

My Favorite

スカーフは首に巻くのはもちろん、カバンの持ち手に巻いたり、ヘアバンドにしたりとアレンジが自由自在！日々のコーディネートに欠かせないアイテムのひとつ。

3.27

フレンチマリンを意識した、ネイビー×ベージュのコーディネート。ボーダーのボートネックTシャツを細身のデニムにイン。小物を白で合わせることで統一感と抜け感を演出できます。

Marchison-Humeの衣類用お手入れスプレーは長い間愛用しているアイテム。お気に入りはORIGINAL FIGというアロマで、シルクには使えないがコートやニットなど頻繁に洗えないアイテムにおすすめ。

trench coat» IENA
tops» 無印良品
pants» Lee
shoes» 無印良品

トレンチコート2

Trench Coat2

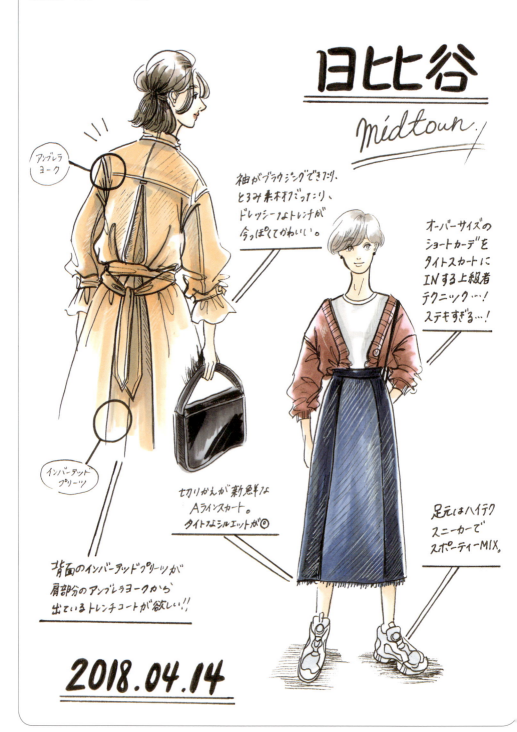

Chapter 2

Summer

T-shirt

Khaki Work Pants

Textile

Vitamin Color

Basic Color

Yukata

Summer Fashion

My Favorite

ジャケットの中にはストライプシャツとボーダーTシャツの組み合わせ。

6.8

仕事で展示会のアテンド。かちっと仕事用に着こなしたくて、メンズライクなダブルジャケットを着ました。ブルー系の柔らかいカラーだから、ハードすぎない印象です。履き続けてやっと足になじんできたREGALのローファーは、ツヤを保つためにこまめなお手入れが欠かせません。

jacket» UNIVERSAL LANGUAGE
t-shirt» GALERIE VIE
pants» RNA-N
shoes» REGAL

Tシャツ1
T-shirt 1

Today's Special

大阪にある喫茶ドレミにまた行きたい…！ レトロな内装に心がときめく。

7.16

落ちた肩、短めの丈、ハリのあるコットン地…やっと理想のワイドシルエットのボーダーTシャツを見つけました！ 腰に巻いた無印良品のノーカラーシャツは、サラッと羽織るもよし、アクセントとして腰に巻くもよしな優れものです。重ね着が難しい夏に一着あると便利です！

My Favorite

友人たちからプレゼントでもらったCONVERSE100周年記念モデル。パステルピンクがかわいすぎる！

t-shirt » GALERIE VIE
shirt » 無印良品
pants » UNIQLO
shoes » CONVERSE
bag » handmade

T-shirt 2

Summer Fashion

My Favorite
白にゴールドバックルのベルトはカジュアルスタイルにもエレガントスタイルにも合うので便利。

7.2
ボーダーの幅やシルエット違いで10着以上所持しているボーダートップス。少し太幅なボーダーをコーディネートの主役に、帽子から靴までモノトーンでまとめました。CA4LAの夏用のベレー帽は春夏用に小ぶりで通気性の良いものをチョイス。

t-shirt » GALERIE VIE
pants » HaaT
shoes » 無印良品
belt » MAISON BOINET
hat » CA4LA

Today's Special
札幌に訪れた際にサイズ違いで2つ購入した「小熊のプーちゃんバター飴」の缶。とにかくデザインがかわいい…！ 懐かしい甘さのバター飴に、思わず笑顔になる。

Tシャツ3
T-shirt 3

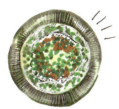

鎌倉でふらりと立ち寄ったOXMORON。キーマカレーが絶品でした。個人的なオススメはパクチーたっぷりのエスニックそぼろカリー。

Today's Special

7.15

UNIQLOの白TシャツにREKISAMIのビスチェをレイヤード。フリルがガーリーなビスチェも、合わせるアイテムをカジュアルに寄せれば甘すぎない印象に。トップスがボリューミーなので、ボトムをタイトスカートにしてもかわいいです。

t-shirt » UNIQLO
bustier » REKISAMI
pants » HaaT
belt » MAISON BOINET
shoes » 無印良品

Tシャツ4

T-shirt 4

Summer Fashion

My Favorite

カーキパンツのようなメンズライクなアイテムには、あえてレースのトップスを合わせてドレッシーに着こなすのもかわいい。

7.23

カーキのワイドパンツは、色落ちしていく過程が楽しい！ 襟を抜いて着るコットンシャツは、さらっと一枚で着てもいいし、タンクトップやキャミソールを重ねてレイヤーを楽しんでも◎ 全体的にシンプルな着こなしなので、古着屋で買った花柄のかごバッグを合わせました。

shirt» UNIQLO
pants» Journal Standard
shoes» 無印良品
bag» used

カーキワークパンツ 1
Khaki Work Pants 1

Summer Fashion

My Favorite
ミツカルストアで一目ぼれしたヘアバンド。結び目を調整することで様々なアレンジが楽しめる。

6.28
小物使いでよりカジュアルなコーディネートに。カーキのパンツには白のトップスが相性抜群！トップスとボトムがシンプルな分、ヘアバンドやベルトでデザイン性をプラスしています。

t-shirt» UNIQLO
pants» Journal Standard
shoes» 無印良品
bag» handmade
headband» pottenburn tohkii

カーキワークパンツ2
Khaki Work Pants 2

Summer Fashion

パンツの色味と合わせて、ベルトにグリーンが入ったウエストポーチをショルダーバッグとして使用。見た目に反して収容力が高く、便利なアイテム。

7.8

数年ぶりに髪の毛を黒く染めました。黒髪にすると黒い帽子がしっくりきます。YOUNG & OLSENのリブのタンクトップニットはカラー展開が豊富すぎる14色！ シルエットも綺麗でオススメです。

tops » YOUNG&OLSEN
pants » Journal Standard
shoes » CAMPER
bag » BEAMS
hat » CA4LA

My Favorite

CHANELのルージュアリュールインク154番はとにかく発色がキレイ！ 事前に唇をたっぷり保湿してから塗るのがおすすめ。

カーキワークパンツ 3

Khaki Work Pants 3

Summer Fashion

珈琲タイムス

バナナジュース

Today's Special

新宿にある「珈琲タイムス」は、程よいさわがしさで心が落ち着く空間。

7.9

刺繍の美しさに心奪われ購入したMame KurogouchiのTシャツ。パンツ、インナー、靴もピアスもネイルも黒でそろえて、トップスを主役にしたコーデです。この日はレトロな喫茶店めぐりをしました。

tops » Mame Kurogouchi
pants » URBAN RESEARCH
shoes » CONVERSE
bag » handmade

テキスタイル 1

Textile 1

Summer Fashion

江戸切子の体験に参加。約一時間で気楽に参加できる。

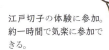

6.3

この日は浅草&上野散歩。裾（すそ）がはみでないスナップ付きの白トップスに、合わせたのはジャガード織りのグレーのハイウエストワイドパンツ。淡いトーンで涼しげに。

シャンシャンと初対面！

My Favorite

POSTALCOと山口情報芸術センターのコラボバッグ。ネットと中布の間にも収納できておもしろい。

t-shirts » PETIT BATEAU
pants » ISSEY MIYAKE
shoes » 無印良品
bag » POSTALCO for YCAM

テキスタイル2
Textile 2

Summer Fashion

6.2

白Tシャツに、シースルーのラメトップスを合わせて絶妙なレイヤー感を楽しみます。ディテールにほれぼれするMame Kurogouchiのバッグが今日の主役。ひとつひとつが個性的なアイテムなので色味をそろえて。

My Favorite

一緒に遊んだ友人とまさかの「Mame」かぶり！ 毎年デザインニットがステキなブランド。

t-shirt» UNIQLO
tops» TOGA PULLA
skirt» ISSEY MIYAKE
shoes» CAMPER
bag» Mame Kurogouchi

テキスタイル3

Textile 3

6.8

よく晴れた気持ちのいい日には、シャキッとした白シャツを着たくなります。ビタミンカラーのワイドパンツは、色がとても鮮やかなのに、手持ちのモノトーンアイテムの服と合わせやすくて重宝しています。主張の強い色はボトムから取り入れると抵抗なく着られますよ。

祖母からもらったショルダーミニバッグ。

shirt» UNITED ARROWS
pants» used
shoes» CONVERSE
bag» used

My Favorite

最近ヒマラヤンキャットにハマり中。モフモフすぎて愛しい…。

ビタミンカラー1

Vitamin Color 1

Summer Fashion

ヘアバンドにしたスカーフ
は首元にさらっと巻いても
お洒落。

7.5

ビタミンカラーはワンポイントと
して入れても主張が強いので、
ベーシックなアイテムとの組み
合わせがおすすめです。オレン
ジは、ネイビーやカーキなどの
ベーシックカラーに合わせやす
くて大好きな色です。

scarf » used
tops » 無印良品
pants » Shinzone
shoes » UNITED ARROWS

ビタミンカラー 2

Vitamin Color 2

Summer Fashion

My Favorite

ヴィンテージパーツで作ったハンドメイドピアス。

6.2

今日はちょっと涼しい日。サテン地のブラウスに変形スカート、デコラティブなブーツを合わせました。変形スカートはモノトーンコーデの良いアクセントになります。

My Favorite

ベージュの網タイツは肌になじんでおすすめ。

tops» American Apparel
skirt» Free's Mart
shoes» Dr. Martens
bag» used
earring» handmade

ビタミンカラー3

Vitamin Color 3

Summer Fashion

鳩サブレーの缶がかわい
すぎてお気に入り。なんだ
か今日の服と似ている。

Today's Special

My Favorite

なで肩だからか、ドロップ
ショルダーのシャツがしっ
くりくる。MACPHEEは一
見シンプルなのに細かな
ディテールにこだわりを感
じるのでとても好きなブラ
ンドのひとつ。

7.18

MACPHEEのイエロートップス
に黒スキニーを合わせたシンプ
ルなコーディネート。
雨で肌寒い時期にはさらっと羽
織れるシャツを1枚持っている
と便利です。コーディネートが
単調にならないように腰に白シ
ャツを巻いていました。

tops» MACPHEE
shirt» UNITED ARROWS
pants» UNIQLO
shoes» CONVERSE

ビタミンカラー 4

Vitamin Color 4

Summer Fashion

同じ白Tシャツでもシルエットで全く印象が変わる。自分の好きなシルエットのものを一枚もつと便利。

8.13

地元の友人と遊んだ日。帰省中はなるべく服を持ち帰らないようにしているので、急遽GUでパンツを購入！ シンプルなコーデなので、ヘアバンドでアクセントをつけました。

tops » UNIQLO
pants » GU
shoes » 無印良品

ベーシックカラー 1

Basic Color 1

Summer Fashion

My Favorite

アンティークパーツで作ったピアス。

8.14

昔からハイブランド×ローブランドの組み合わせが上手でお洒落な友人。カラー使いも幅があって参考にしています。私はこの日、レーシーなシャツを前だけパンツにインしてヒールの靴を合わせました。

tops » mizuiro ind
pants » UNIQLO
bag » 台湾で購入

ベーシックカラー2
Basic Color 2

Summer Fashion

8.15

YOUNG & OLSENのリブタートルニットは黒と白の2色を購入。スカーフを首にさらっと巻くだけで一気にエレガントな印象に。足元のピンクのパンプスで可愛らしさもプラス！

My Favorite

ツイル素材でハリ感のあるネイビーのボトムはカジュアルすぎず、ジャケットを羽織ってもしっくりくる。ONとOFFどちらも使えるネイビーのパンツは万能！

tops » YOUNG & OLSEN
pants » Steven alan
bag » B shop
earring » IENA

Basic Color 3

8.25

日比谷公園丸の内音頭大盆踊り大会へ！ 祖母から譲り受けた黒地に黄色い模様の浴衣には、新橋色の帯を合わせて。浴衣に合うようにSOU・SOUのおはじき模様の小巾折を買いました。夏の日本文化に触れながら汗を流したいい一日になりました。

一緒に行った友人たちの
浴衣もかわいかった！

Yukata » Junko Koshino
Bag » SOU・SOU

Yukata 1

Summer Fashion

My Favorite
「貝の口」という、シンプルで粋な結び方がいちばん好き。

浴衣の時くらいは彼と色みを合わせて着こなしを楽しむのも良し。

8.5
こちらの浴衣も祖母からのおさがり。絞り染のような柄が、華やかでお気に入り。表は麻の葉模様、裏はおみくじの柄に「大吉」の文字が織られた縁起のいい帯を合わせました。帯を折り返して裏の柄をちらっと見せて着るのが好きです。

Yukata» unknown
Bag» LACOSTE

浴衣2

Yukata 2

Column 街角スナップ 銀座

Column　街角スナップ 六本木

国立新美術館
— Roppongi —

国立新美術館の地下1階のミュージアムショップにて。美術館には自然とお洒落感度の高い、着こなすことを楽しむ素敵な女子が集まるような気がします。

ウルトラマンのフィギュアネックレス

タイトなニットトップス

ワイドシルエットの抜き衿シャツ

細身のデニム

↑フィギュアを連ねたネックレス。ワイドでカジュアルなデニムの裾にはパール。ファッションを楽しむ大人はとてもかっこいい……!! 私もそうなりたい……!

・Summer・
・・・20170825 FRI・・・
・Street drawing・

Chapter 3

Autumn

Outdoor

Wool Pleated Skirt

Scarf

Check

Men's Item

Mohair Knit

Autumn Color

Autumn Fashion

My Favorite

Diorのマキシマイザー、もっと早くに購入すべきだった！ SKAGENの腕時計はピンクゴールド。文字盤が鏡になっていて、風景にあわせて柄が変わるのがおもしろい。

9.3

少し肌寒かったので、今年初ニット。両脇にボタンがついていて、取り外せばスリットになる優れもの。友人におすすめしてもらったDiorのマキシマイザーを使ってみたら、唇のタテジワが消える！ おすすめのグロスです！

stripe shirts » URBAN RESERCH
knit » MACPHEE
pants » 無印良品
shoes » 無印良品

ストライプシャツ1
Stripe Shirts 1

Autumn Fashion

甘座洋菓子店
クラシカルな雰囲気が素敵

クラシカルな雰囲気が素敵な甘座洋菓子店のケーキとコーヒー。優しい甘さのケーキとほろ苦いコーヒーがよく合う。

Today's Special

仙台クラフト市で購入した真鍮のバングルたち。経年変化も楽しみたい！

My Favorite

10.8
仙台旅行へ。ベーシックなシャツは、余計なステッチが見えない丁寧な作りがお気に入りです。メンズデニムに白スニーカーのカジュアルすぎるコーディネートに、仙台クラフト市で買ったバングルを足したらほど良いアクセントに。

tops》 note et silence
pants》 UNIQLO
shoes》 無印良品

ストライプシャツ2

Stripe Shirts 2

Autumn Fashion

ハンバーガーには Appletiser がよく合う ◎

しゅわしゅわ〜

Today's Special

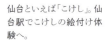

仙台といえば「こけし」。仙台駅でこけしの絵付け体験へ。

ずっと行ってみたかった「ほそやのサンド」は、現存するハンバーガー店では日本最古。パティは牛100％でジューシー。

10.7

仙台旅行2日目。ボーダーカットソーはボトムにインして着るのがお気に入りです。ウールの巻きスカートで暖かく、ローヒールのブーツで歩きやすく。

tops » 無印良品
skirt » ONEIL OF DUBLIN
shoes » Dr.Martens

ウールプリーツスカート 1
Wool Pleated Skirt 1

Autumn Fashion

Today's Special

aoyama.
SHOZO COFFEE

青山にあるSHOZO COFFEEへ。今日で3回目。一緒に販売されている焼き菓子もおすすめ。

プリーツスカートは縦のラインを強調してくれるため、縦長効果が抜群。

9.16

青みがかった赤いニットに、ストライプのシャツの組み合わせ。着こなしに悩んだ時、まず頭に浮かぶのがこのスカート！ 黒のプリーツスカートはトラディショナルな着こなしでも大活躍。

knit » MACPHEE
shirt » URBAN RESERCH
skirt » UNITED ARROWS
shoes » CONVERSE

ウールプリーツスカート 2

Wool Pleated Skirt 2

Autumn Fashion

My Favorite
バンダナ柄のハットはデザインがおしゃれ。登山中、同じものをかぶっている人を5人は見かけた…笑

9.1
友人と念願の富士登山！この日のために、アウトドアファッション一式をそろえてみました。アウトドアブランドとファストファッションを組み合わせて、無理なくセレクトしています。機能性とデザイン性の両立を意識しました。

Marmotは登山女子に人気のブランド。デザインがかわいらしくて、そこまで高価じゃないところも◎ フレアタイプのショートパンツは足さばきもよくて歩きやすい！

脇に縫い目のないシームレス仕様かつ、吸汗速乾性に優れたレギンスが、まさかの1000円以下！ 登山初心者必見！

hat » THE NORTH FACE
jacket » THE NORTH FACE
pants » Marmot
leggings » GU
shoes » adidas
back pack » Coleman

アウトドア
Outdoor

Autumn Fashion

GORE-TEXの上着

GORE-TEXの高機能さに何度も助けられた…。防水耐久性、防風性、そして透湿性という登山に大切な機能が備わっているので、薄くて軽量なのに心強い！上下でそろえるのがおすすめ。

防水トレッキングシューズ

ランニングシューズでも登れないことはないけど、雨が降ったら靴の中まで水浸しに…！安くてもいいから購入を全力でおすすめしたい。このadidasのものはGORE-TEX仕様。

大量のジップロック

雨が降るとバックパックにカバーをかぶせても浸水することが…。すべての小物をジップロックに入れておくと安心。

エアリズムのインナー

登山中のインナーや下着に乾きにくい綿はNG。寒暖差による蒸れを調整するインナーが理想。メンズは無印良品のウール100％のTシャツがオススメとのこと！（友人談）

防水仕様の手袋

今回私は軍手しか持っていかなかったことを大後悔。雨に濡れると指から体温が奪われるし、岩をつかみながら登ることもあるので、防水手袋は必須アイテム！

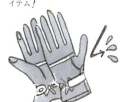

ダウンジャケット

TAIONのダウンジャケットは深夜のアタックにものすごく役立った。体感温度がマイナス10度になった際も、ダウンを1枚着こむだけでとても温まる。

サングラス

まぶしさを防ぐのはもちろん、飛散する砂よけにも役立つ。（水の飲みすぎでパンパンにむくんだ顔を隠すのにも…笑）

Autumn Fashion

My Favorite
様々な色柄のスカーフを持っているけど、モノトーンコーディネートに合わせやすい白地のスカーフは、アクセントとしてよく取り入れる。

Shooting day!
TOKYO ⇒ KOBE

PETIT BATEAUはタイトなTシャツがおすすめ。私が持っているのは黒、白、ボーダーの3種類。

9.21
ハリのあるベーシックアイテムが多い日は、柔らかなスカーフでアクセントを。首元でひとつ結びをし、リボンの部分をTシャツの下に隠すだけで簡単にスカーフを取り入れることができます。シンプルな色柄のスカーフを使用する時は大ぶりのピアスをつけても◎。

t-shirt » PETIT BATEAU
jacket » Fabrique enplanete terre
pants » Edwina Horl
shoes » CONVERSE
skirf » used

スカーフ

Scarf arrangement.

街中やSNSで見かけたおしゃれなスカーフアレンジをメモ。サングラスやピアスなど、大ぶりのアイテムと組み合わせているのにすっきりとまとまった印象。肌の露出とトップスのシンプルさが大事なようです。

バンダナ巻き
正方形のバンダナを細く折りたたんで首に巻き、前にたらす。ざっくりと巻くとお洒落！ 大ぶりピアスと合わせると、より華やかに。

開襟シャツ＋
フロント巻き
ベーシックなのにエレガントな巻き方。首にぐるぐる巻いて、前でちょこんと結ぶだけで簡単。ウェットな質感の髪型と合わせたい…！

後ろ結び＋
大ぶりアクセサリー
後ろでちょうちょ結びのようにしたスカーフとネックレスの合わせ技。髪の毛をアップにしてすっきりとまとめるのがポイント。

Autumn Fashion

ベージュのキャップを被ってもカワイイ！

My Favorite

メンズのLサイズニット。ロング丈を楽しんだら、丈を切って短く編み直して着るなど、アレンジをして楽しめる。

11.9

ナチュラルテイストなカラーでまとめたこの日。Edwina Horlのオリジナルチェックのパンツは、細いカラーラインがさり気なく入っていてかわいらしいです。ゆるっと同系色のニットを合わせて。

CITYのギンガムチェックジャケットがクラシックで気になる。「強燃」「ドライタッチ」など素材特性にも優れているのがさすが！

knit » UNIQLO
pants » Edwina Horl
shoes » 無印良品
bag » handmade

チェック 1
Check 1

Autumn Fashion

My Favorite

細めのベルトでウエストマークをすることで着こなしにメリハリが出る。

10.5

ベーシックな黒のタートルネックにタイトなチェックスカートのシンプルなコーディネート。犬の歯がならんでいるように見えることから命名された「ハウンドトゥース」柄のチェックスカートはレトロかつ上品な印象です。

My Favorite

上下が黒なので、重い印象になりすぎないようタイツは薄めの30デニールに。

knit » 無印良品
skirt » UNIQLO
shoes » Maison Margiela
bag » used

チェック2

Check 2

Autumn Fashion

Today's Special

御茶ノ水にある喫茶店、「珈琲穂高」へ。甘くて温かい「みかんエード」がおすすめ。

10.21

白いタートルネックに白シャツを重ねたレイヤードトップスに、アクセントになるグレンチェックの変形スカートをコーディネート。ひとクセあるトラッドスタイルをイメージしました。

shirt» ZARA
knit» 無印良品
skirt» tricot COMME des GARÇONS
shoes» UNIQLO

チェック3
Check 3

Autumn Fashion

My Favorite
メンズのキャスケットはつばを後ろにして、ベレー帽のように被るのがお気に入り。

ツバが前でもかわいいです◎

My Favorite
以前行った仙台メディアテークで購入。500円なのにお洒落！

10.9
モノトーンコーデの時は丈感が重要！ 丈をコンパクトにすることで、暗い色でも重い印象になりません。普段からメンズアイテムが好きでよく取り入れます。この日のメンズアイテムは、フラットなデザインのスタンドカラーシャツと、キャスケットの2つ。

シャツの中には上品な素材感のロングベストを着用。着こなしの幅を広げるアイテム。

shirt » UNITED ARROWS
inner » stunning lure
skirt » agnès b.
shoes » 無印良品
hat » THE CRIMIE

メンズアイテム 1

Men's Item 1

Autumn Fashion

My Favorite

ハイネックニット。今までベージュのニットを持っていなかったので新鮮！裾のスリットがお気に入り。

11.19

オーバーサイズのベージュのハイネックニットは、裾のスリットがアクセント。ニットのデザイン性が高いので他のアイテムはシンプルに。ボトムから足元の色のトーンを統一すると縦長効果で足が少し長く見えます…！

knit » Edwina Horl
pants » UNITED ARROWS
shoes » Dr.Martens

ワンタックが良い！

このくらい長めのワイドパンツもとてもほしい…！

このブーツは週に3日は履いてます。

ショートパンツにブーツを合わせるスタイル、永遠にスキ。本当にかわいい…

メンズアイテム 2
Men's Item 2

Autumn Fashion

10.22

友人の誕生日会へ。スタンドカラーブラウスをクルーネックのニットからチラ見せします。袖からもフリルがちらり。デザインブラウスは重ね着にとても便利！

友人へのプレゼントはいわゆる「痛バ」！（イタいバッグ）生地を縫って、缶バッジを入れて…喜んでもらえて嬉しかった！

ハロウィンが近かったので、なぜかみんなでパンダのコスプレ（笑）ピンポンマムで作られた真顔のパンダを飾って、わいわい楽しかった！

blouse》 ZARA
knit》 FRAY I.D
pants》 Edwina Horl
shoes》 無印良品

メンズアイテム 3

Men's Item 3

Autumn Fashion

My Favorite

モヘアニットはスキニーと
ヒールにもマッチ。

みんなで作る朝食がおい
しすぎて、心と体が温ま
る！

Today's Special

11.12

友人5人とグランピングへ。ア
ウトドアとは程遠い服装でも、
すべてそろっているグランピン
グならOK！ モヘアの黒ニット
は1着持っているとカジュアル
にもモードにも合わせられて便
利です。レイヤー感が気に入っ
て購入したプリーツスカートは、
柄が派手でもネイビーベースな
ので合わせやすいアイテムです。

knit» used
skirt» ATURO TAYAMA
shoes» Dr.Martens

モヘアニット1
Mohair Knit 1

Mohair Knit 2

Autumn Fashion

9.15

ブラウン×ブラウンの秋色コーディネート。KIJIのスウェットは一見ベーシックな印象ながらラグランスリーブに短めの丈感が新鮮です。あえて大きめサイズの「3」を購入し、ダボっと緩めに着こなしています。

Today's Special

猿田彦珈琲でコーヒーをテイクアウト。Tiki Takaのアイスクリームが乗ったコーヒーフロートがおすすめです。

blouse» ZARA
sweat» KIJI
skirt» IENA
shoes» Dr.Martens
bag» ZARA

秋カラー1

Autumn Color 1

Autumn Fashion

10.11

この日はいい天気で、ちょっと暑いくらい。秋らしいカラーのレオパード柄スカートに半袖Tシャツとカーキのワークジャケットを合わせ、体温調整できるレイヤードスタイルに。

Today's Special

虎ノ門にある老舗喫茶店ヘッケルンのジャンボプリンはカラメルが濃厚でどこか懐かしい風味。虎ノ門付近に立ち寄る際には必ず足を運ぶ。

My Favorite

靴下屋の40デニールソックス。程よい透け感で、パンプスと色を合わせるとソックスブーツのようになっておすすめ。黒ソックス×黒パンプスがお気に入り。

¥972

NTではトゥラインやヒールのシルエットもオーダーできる「オーダーパンプス」もあるんだとか!

t-shirt» PETIT BATEAU
jacket» fabrique enplanete terre
skirt» IENA
shoes» NT
earring» handmade

秋カラー2

Autumn Color 2

Autumn Fashion

秋はゴールドのアクセサリーを身につけたくなる。

My Favorite

LELABOで香水を購入。フィグとベルガモットの香りが華やかな29番THE NOIRの香りをチョイス。注文すると店内で香りを調合してくれる。店内がとにかくお洒落！

10.23

トレンドのオレンジカラーのフレアスカートに、とろみ感のあるチャコールのブラウスをインした秋色コーデ。シルエットが綺麗なチャンキーヒールのブーツは念願のMaison Margielaで購入しました。

blouse» iCB
skirt» ZARA
shoes» Maison Margiela
bag» used
earring» handmade

My Favorite

シルエットの美しさに一目ぼれして決意の即日購入をしたブーツ。

秋カラー3
Autumn Color 3

Autumn Fashion

今年の秋冬のニットは繊細すぎない太めのリブをチョイス。白いニットに白いインナーを合わせ、プレーンながらフレッシュな着こなしを意識。

11.22

少し襟が高いニットの下に、白シャツとタートルネックを着込みました。柿色のタック入りボトムと白のダッドシューズを合わせたメンズライクなレイヤードスタイル。

ダッドシューズは存在感があるのでコーディネートのアクセントになる。単色を選ぶと無理なく取り入れられる。

knit» Edwina Horl
turtleneck knit» 無印良品
pants» Chimala
shoes» Puma

秋カラー 4

Autumn Color 4

Column 街角スナップ 神戸

Smart Casual

Kobe.

9/22〜9/23の間に神戸で見かけた方々。上品でシンプルな着こなしのお洒落な人が多い印象です。22日の神戸ファッションウィークでは素敵な方をたくさん見かけました！

ショートヘアが魅力的な2人組み。ブラックを基調としたコーディネートがとてもスマート。大ぶりのアクセサリーとの相性もとても良い！

French Marine

ヘアバンド×大ぶりのアクセサリーの組み合わせがステキ!! 白のボトルネックのTシャツのシンプルさとのバランスが◎ボトムにビビットなスカートを合わせてもお洒落かも…！

ショート丈のボーダートップスに、ネイビーのワイドパンツを合わせた着こなし。マリンテイストでお洒落でした…！

Column 街角スナップ 名古屋

at Nagoya
knit knit knit
(2018/10/20〜21)

モノトーンコーデにアクセントとして個性的なアイテムを一点投入。モードなコーデ。

オーバーサイズのニットの下にタイトなスカートを合わせたグッドバランスなコーディネート。

今期トレンドのニットガウンをサーマルワンピースに重ねたシンプルかつスタイリッシュなコーデ

Chapter 4

Winter

Turtleneck

Black Tight Pants

Deformed Knit

Red Skirt

Coat

Basic Knit

Riders Jacket

Winter Fashion

12.16

黒の上下に、帽子やベルト、中に着たタートルネックなど白いアイテムをチラ見せしたモノトーンコーデ。赤いネイルとゴールドアクセサリーでさり気なく色味をたします。

My Favorite

普段ゴールドの指輪を3つほど身につけている。

knit » used
shirt » UNITED ARROWS
pants » JOURNAL STANDARD
shoes » 無印良品
hat » BEAMS BOY
belt » MAISON BOINET

タートルネック 1
Turtleneck 1

Winter Fashion

2.25

今日は父と弟が東京に遊びに来てくれました。母にもらったタートルネックをシャツの下に着て、毎度おなじみ小籠包ベレー帽を被り浅草散策へ。ベレー帽とタッセルローファーでトラッドなテイストをプラス！

浅草にある菓子工房ルスルスの「夜空缶」クッキー。星を缶につめこんだようなかわいさ！ 鳥バージョンもかわいい。

Today's Special

knit » used
shirt » used
pants » UNIQLO
leggings » GU
shoes » REGAL
hat » BEAMS BOY

タートルネック2
Turtleneck 2

Winter Fashion

My Favorite

RMKのネイルポリッシュ14番「ココア」はグレイッシュで肌なじみが良いのでおすすめ。速乾なのも嬉しい！

2.2

無印良品のタートルネックがお気に入りでよく購入しています。（脇にもたつきがなく、シルエットがとても綺麗！）オーバーサイズのニットのインナーとして着用するのもおすすめです。古着のメンズサイズのアランニットは、自身で編み直して裾と袖を短くしました。

turtleneck knit » 無印良品
knit » used
pants » JOURNAL STANDARD
shoes » 無印良品
belt » MAISON BOINET

Turtleneck 3

Winter Fashion

My Favorite

HYKEのつけ襟をこのコーディネートの上から重ねるのも◎。モノトーンコーデのアクセントになる。

TAIONのダウンジャケットはプチプラなのにシルエットがきれいで、カラー展開が豊富。メンズにはスーツにも合わせやすいダウンベストがおすすめ。

2.16

着方によっては野暮ったい印象になってしまうダウンジャケット。白×白でそろえると、洗練された印象になります。オーバーシルエットのトップスには、ウールのタイトスカートを合わせて、すっきりとまとめました。

ヒール×靴下の組み合わせに挑戦！

jacket» TAION
knit» 無印良品
skirt» agnés b.
shoes» NT

ダートルネック4

Turtleneck 4

Winter Fashion

髪の毛を暗く短くしたくなる衝動にかられ、思いきってイメチェン！

12.31

この時は、クルーネックニットから白いスタンドカラーシャツをチラ見せする着こなし。このニットは襟のリブの幅が広くてゆるめのシルエットがかわいいです。

shirt» 無印良品
knit» URBAN RESERCH
pants» UNIQLO
shoes» CONVERSE

My Favorite

UNIQLOのスキニーパンツはかれこれ3本目。低価格でストレッチ性があって最高！ アンクル丈で靴下を見せて。

ブラックタイトパンツ1
Black Tight Pants 1

Winter Fashion

My Favorite
背抜き仕様で夏でも快適なbeautiful peopleのジャケット。

12.8
この日は仕事でプレゼンがあり、いつもよりきちんとしたジャケットスタイル。かっちりしすぎないポイントは、ジャケットやボトムに色味をプラスすること。さり気なくジャケットと靴下の色をリンクしました。

タイトパンツはワンピースの下に着てもかわいい。

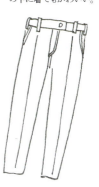

背が低いので、ブーティーやブーツはインソールで必ず底上げする。（2〜4cm程度）

shirt» RALPH LAUREN
jacket» beautiful people
pants» UNIQLO
shoes» used

ブラックタイトパンツ2

Black Tight Pants 2

Winter Fashion

名刺入れは大好きなシロクマの形…♡（と思いきや実はネズミらしい。笑）

My Favorite

愛用のスケッチブックはいつも蔵前にあるカキモリという文具店で作ってもらっている。手元にあるカキモリのスケッチブックは10冊以上。

11.28

韓国旅行で購入したメンズのオーバーサイズのシャツとベスト。トップスの色味をアースカラーで統一。ボトムをタイトにすることですっきりとまとまった印象になります。時間がある際は、ふらっと表参道を散歩して、道行くおしゃれな人々をスケッチするのが好きです。

スキニーパンツとシューズのカラーを黒で統一！縦のラインを強調し足をスラッと長く見せることができる。

knit » 韓国で購入
shirt » URBAN RESEARCH
vest » INDI BRAND
pants » UNIQLO
shoes » Maison Margiela
bag » 韓国で購入

ブラックタイトパンツ3

Black Tight Pants 3

Winter Fashion

My Favorite

HYKE×adidasのつけ襟は、襟だけのアイテムなので着ぶくれせず様々なコーディネートに合わせやすい。

12.18

何年も欲しくて憧れていたsacai×NIKEのコラボニット。スウェット素材とニットが切り替えられていてデザインがおもしろい！ 今日はつけ襟をプラスしてみました。

この日はCONVERSEでカジュアルに。ブーツやパンプスではずすのもかわいい。

turtleneck knit» HYKE×adidas
knit» sacai×NIKE
skirt» agnès b.
shoes» CONVERSE

変形ニット1

Deformed Knit 1

Winter Fashion

My Favorite

おすすめリップのひとつ。OPERAの06番ピンクレッド。さらっとした塗り心地で唇が荒れない！ 発色も強すぎないので、他のリップと重ねてもかわいい。

ライン入りのトップスは、デザイン性に富んだシルエットやもこもこした素材使いが特徴。タートルネックなどのベーシックなアイテムを合わせても、華やかに着こなせる。

12.25

クリスマスらしく、赤と白の2色でまとめたスタイル。この日のパンツとスニーカーは一年中使える便利なアイテム。暗くなりがちな冬のファッションはボトムに白を取り入れてみると、一気に明るくなります。

turtleneck knit » 無印良品
knit » UNITED ARROWS
pants » Edwina Horl
shoes » 無印良品

変形ニット 2
Deformed Knit 2

Winter Fashion

トレンチコートにつけ襟を
重ねて着るのもいい!

12.10

一目ぼれして購入したニットのつけ襟が主役のコーディネート。白と黒で迷いましたが、鮮やかなカラーにも合わせやすい白をチョイスしました。コーデを華やかにしてくれる小物をたくさん持っていると、着こなしの幅が広がりファッションをより楽しめます。

My Favorite

最近赤系のネイルにハマり中。深いボルドーがきれいなCHANELの18番がお気に入り。肌がきれいに見える色。

collar » HYKE
knit » UNIQLO
skirt » UNITED ARROWS
shoes » unknown

変形ニット 3

Deformed Knit 3

Winter Fashion

My Favorite
抽象画家モンドリアンの作品をイメージして作ったオリジナルピアス。

My Favorite
台湾で購入した巾着バッグ。小さいけれど、意外と収納力があり、重宝するのでヘビロテ中。

2.5

古着屋で買ったモヘアニットに、赤のタイトスカートでゴージャスに。ハイカットのCONVERSEでカジュアルダウンすれば、普段着として楽しめる組み合わせです。

数年前に買ったA.P.C.のタイトスカート。鮮やかなレッドカラーとやわらかいタッチのベロア素材。

knit » used
skirt » A.P.C
shoes » CONVERSE
bag » 台湾で購入
earring » handmade

レッドスカート 1
Red Skirt 1

Winter Fashion

My Favorite

赤いコーディネートに合うように、赤×白×金のピアスを作成。服をイメージしてアクセサリーを作るのもいい。

12.22

赤いスカートは、タイトですっきりしたシルエットなので、カジュアルにもモードにも振れる便利なアイテム。変形ニットにもとてもよく合います。

turtleneck knit» 無印良品
knit» UNITED ARROWS
skirt» A.P.C
shoes» Dr. Martens

レッドスカート2

Red Skirt 2

Winter Fashion

2.16

いつも無地ばかり買ってしまうコート。モノトーンかつ、クセの少ないギンガムチェックならほかの服にも合わせやすそう…ということで、ZARAで発見して即購入！

MIDTOWN 日比谷

仕事の打ち合わせの後に、話題のMIDTOWN日比谷へ。おしゃれな人がたくさん！

My Favorite
サンプルセールで購入したプリーツスカート。ニット素材特有のストレッチ感と軽やかさ、なによりビビッドなカラーのおかげで、冬でも華やかな気分に。

coat » ZARA
tops » ZARA
skirt » Plantation
shoes » REGAL
bag » ZARA

コート 1
Coat 1

Winter Fashion

2.10
ノーカラーコートは、マフラーを巻いても、ハイネックを着てもすっきりまとまるので、私にとって冬のマストアイテムです。鮮やかなグリーンのハイゲージニットを合わせて顔周りを彩ります。

すべて黒いパーツで作ったピアス。大ぶりなピアスは意外と合わせやすい！

My Favorite
細めのプリーツスカートはウール混で暖かい。

My Favorite
とっても寒い日は80デニールの黒タイツを。

coat» BEARDSLEY
knit» MACPHEE
skirt» UNITED ARROWS
shoes» REGAL
bag» LACOSTE

コート2
Coat 2

Winter Fashion

最近お気に入りのリップは
「バニラコ」のSBR02。肌に
なじむダークトーン。

My Favorite

レオパード柄のイヤリング
は韓国のナイトショッピン
グで300円！

12.1

下北沢に買い物に行った日。下
北沢に行く時はいつもヴィンテ
ージ感のある着こなしをしたく
なります。韓国で買ったキルテ
ィングコートは軽量なのに暖か
く、デザイン性が高いのに9000
円というお手頃価格。アースカ
ラーでコーディネートをする時
はオレンジメイクでナチュラル
に。

アムステルダムにある美術
館のトートバッグ。

turtleneck knit » 無印良品
coat » INDI BRAND
pants » Y's
shoes » 無印良品
earring » 韓国で購入

コート3
Coat 3

Winter Fashion

My Favorite
赤みのグレーが上品なフリース素材のコート。エレガントにもカジュアルにも着こなせる。

12.7
近所のカフェで作業をする日は、オーバーサイズのアイテムにさらっとロングコートを羽織ってお出かけ。色のトーンを合わせてシンプルに。大好きな雑誌とスケッチブックをもって、リラックスしつつ集中して仕事を進めます！

turtleneck knit » Edwina Horl
coat » Curensology
pants » UNIQLO
shoes » 無印良品

コート 4

Coat 4

Winter Fashion

My Favorite

冬はダークトーンの着こなしが多いので、スカーフを使用したヘアアレンジで華やかに。毛先を外ハネにしたウェットなヘアやお団子ヘアとも相性抜群。

1.29

本屋や図書館で資料集めの日。Vネックのセーターは丸襟よりもエレガントに着こなしたい。ヌーディーなベージュのパンプスとタック入りの黒パンツでほんのりモード感をプラス。

knit » mousy
pants » BEARDSLEY
hairband » UNIQLO

ベーシックニット 1
Basic Knit 1

Winter Fashion

2.3
AKIRA NAKAのプリーツスカートとモヘアニットでレディライクな着こなしに。黒のモヘアニットは軽やかで柔らかい印象なので、ハードな印象のタイトなボトムと合わせる着こなしもおすすめです。

Today's Special

神保町の喫茶店ラドリオでひと休み。喫茶好きにはウィンナーコーヒー発祥の地として有名！ ラムの効いた大人味のコーヒーゼリーもおすすめ。

knit» used
skirt» AKIRA NAKA
shoes» Maison Margiela
earring» 韓国で購入

ベーシックニット2

Basic Knit 2

Winter Fashion

スカーフの結び目を隠さずたらしても◎

My Favorite

NAILS INCの「ライフハック」シリーズのポリッシュ。パーソナリティをネイルで表現することをコンセプトに作られており、今回使用した「Bossing it」は「私のボスは私」というコンセプトが込められている。

11.30

青山で打ち合わせの日。ショート丈の青色ニットとスカーフで顔まわりにアクセント。ボルドーのリップを塗って華やかに。タイトスカートとレザーブーツで辛口に着こなしたい気分です。

UNIQLOのソックスブーツは伸縮性があって歩きやすい。

knit » mousy
coat » BEARDSLEY
skirt » agnès b.
shoes » UNIQLO
bag » LACOSTE
earring » handmade

ベーシックニット3
Basic Knit 3

Winter Fashion

Today's Special

新宿にあるレトロな喫茶店「らんぶる」へ。おすすめはアイスクリームののったコーヒーゼリー。

My Favorite

自宅でのクリーニングが難しいニットやコートにはTHE LAUNDRESSのファブリックフレッシュがおすすめ。NY生まれのファブリックケアブランドだからこそ、衣類に特化したケアアイテムが豊富。香りもとても良い！

12.16

メンズの白いアランニットはゆる〜くカジュアルに着こなします。ニットの下に無印良品のメンズSサイズのクルーネックロングTシャツをイン！ 襟ぐりが詰まりすぎず開きすぎず程よいフィット感です。

メンズのusedニットは丈や袖口があわないので、ほどいて編み直し、サイズを調整。

knit» used
t-shirt» PETIT BATEAU
pants» Edwina Horl
shoes» PUMA
bag» 無印良品

ベーシックニット4

Basic Knit 4

Winter Fashion

ふわふわのベレー帽で、ハードなジャケットのコーディネートに甘さをプラス。

My Favorite
UNITED TOKYOで定番のライダースジャケット。デザインがミニマルでシンプルなため、辛すぎず着こなしやすい！

2.15
オールブラックのコーディネートはアイテムの異素材感を重視。ライダースとタートルネックを同色にすることでクールな印象になりますよ（黒のインナーがおすすめです）。

全身黒は少し重い印象なので、この服装にタイツを合わせるなら30デニールがちょうどいい。黒ではなくグレーのタイツにすることでニュアンスをプラスできる。

knit» 無印良品
jacket» UNITED TOKYO
skirt» AKIRA NAKA
shoes» Maison Margiela
bag» Mame Kurogouchi
hat» ROPÉ PICNIC

ライダースジャケット1
Riders Jacket 1

Winter Fashion

My Favorite

韓国で購入したCLIOというコスメブランドのプリズムエアシャドウ。ラメがたっぷりでとにかくかわいい。指でアイホールにポンポンのせるだけでOK。色は16と18！

2.20

アイボリーのタートルネックとカーキパンツのナチュラルな着こなしにハードさをプラス。ハリのあるツイル素材のボトムなので、ライダースとも相性抜群です。このコーディネートに黒のピンヒールを合わせても素敵に着こなせます。

こまめにお手入れをして長年愛用しているREGALのタッセル付きローファー。タッセルがあることでマニッシュ過ぎない印象になっている。ライダースのレザーと合わせて上下をかっちりと。

knit » Edwina Horl
jacket » UNITED TOKYO
pants » Edwina Horl
shoes » REGAL

ライダースジャケット 2

Riders Jacket 2

Column 街角スナップ 新宿

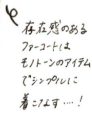

Coffee 喫茶店

[神田]
珈琲ショパン
バターの塩みとあずきの甘みがほどよいバランスのホットサンド「アンプレス」。ミルクセーキとセットにしました。

[神田]
珈琲専門店エース
名物「のりトースト」はのりとしょうゆの風味が口いっぱいに広がります。カラフルなホットモカジャバもとっても美味しい！ 有名なドーナツもほんのり甘くて絶品でした。

[浅草]
ホットケーキパーラー
Fru-Full 赤坂店
おいしさ、美しい断面が別格のフルーツサンドは、お持ち帰りしてピクニックに持っていくのも◎。

[御茶ノ水]
珈琲穂高
グリーンのソファに腰かけながら窓から見える自然に癒されます。駅近ながらゆるやかに時が流れる素敵なお店。

[浅草]
アンヂェラス
多くの著名人に愛されてきた浅草の名店。店名がついた素朴なおいしさの「アンヂェラス」が人気メニュー。

［新宿］
新宿 らんぶる
広々とした店内のレトロな雰囲気はまるでタイムトリップしたかのよう。甘いアイスがのったコーヒーゼリーがお気に入り。

［新宿］
珈琲タイムス
昭和レトロな内装が落ち着く純喫茶。モーニングのトーストとセットのポテトサラダが美味しいです。

［神田］
近江屋洋菓子店
何度も足を運んでいる大好きなお店。いつもドリンクバーと定番のいちごサンドショートを頼みます。

［御茶ノ水］
コーヒーパーラー ヒルトップ
有名な「山の上ホテル」の中にあるお店。12時間以上かけた水出しコーヒーが絶品で、ふわふわなオムライスもハマります。

［表参道］
家と庭
内装にミナペルホネンのテキスタイルが使われていてオシャレ！ さくらんぼがちょこんとのったプリンもかわいいのです。

[横浜]
馬車道十番館

ステンドグラスのあるクラシカルな店内に心が躍ります。レンガをモチーフにしたプリンは濃厚なたまごの風味が特徴的です。

[浅草]
珈琲天国

ロゴの焼き印がついたホットケーキが有名。珈琲を飲み終えてカップの底を見てみると、ラッキーな方にはサプライズが…？

[横浜]
純喫茶モデル

ブラウンを基調とした、優しく日が差し込む店内でいただくレスカは格別です。昔から変わらないコースターがお気に入り。

[虎ノ門]
ヘッケルン

とろみの強いカラメルがのったプリンはどこか懐かしく、愛しい味。愉快な店主とこのジャンボプリンが名物。

[神保町]
ラドリオ

ウィンナー珈琲を日本で初めて出したお店。メニューがおいしいのはもちろんのこと、赤い椅子にレンガの壁のレトロな内装が落ち着きます。

[名古屋]
純喫茶ボンボン
とてもレトロで映画のワンシーンに出てきそうな雰囲気の店内。破格の値段でかわいいケーキをいただけます。

[神戸]
Lima Coffee
世界各国の味わい深いコーヒーを楽しむことができるコーヒースタンド。オリジナルグッズもオシャレ。

[浜松]
Will Coffee & roasters
地元浜松に帰省するとよく行くお店。Wi-fi完備でちょっとした作業もはかどります。

[仙台]
甘座洋菓子店
勾当台公園駅から徒歩9分。甘さ控えめのバターマロンにコーヒーを。テイクアウトはもちろん、店内でもOK。

[大阪]
喫茶ドレミ
通天閣の真下にある、昭和レトロな純喫茶。自家製プリンを使ったプリンアラモードは今も昔も大好きな味。

Feature ネイル夏

SUMMER

〈ベージュ × ゴールド箔押し〉
= nail =

カラフルな色味の服を着る機会が
増える夏にはベージュの色味のネイル
もおすすめです。ベージュ系は指を
とてもキレイに、長く見せる効果もあります。
ゴールドがアクセント◎

RMKのネイル
は速乾性が
あって、発色も
とってもキレイ!!
TARO HORIUCHI
コラボのベージュ
カラーは絶妙な
色味で肌にとても
なじんでキレイです。

RMK
TH-01

how to ◎

(1) ベースコートを塗る。

(2) RMKのTH01を全ての
指に塗り、よく乾かす。

(3) 箔押ししたい部分とベージュの
まま残したい部分を仕切る
ように、ゴールドラインの
シールを貼る。

(4) 箔押ししたいところに
トップコートを塗り、箔の
シートを上からのせ、乾い
たらフィルムをはがす。

(5) トップコートを塗ったら
= 完成 =

COLOR SAMPLE

Feature ネイル秋

Autumn

べっ甲 × モーブカラー
≋ nail ≋

レトロな雰囲気のべっ甲風のネイルは、実はシールを貼るだけの簡単仕様!! 秋っぽいモーブのネイルとゴールドパーツを組み合わせて、存在感のあるデザインにチャレンジ♪!!

NAILHOLIC
・GR700・

essie
・1515・

how to!!

(1) ベースコートを塗る

(2) べっ甲シールを貼りたいところはNAILHOLICのGR700を、その他はessieの1515を塗る。
（ベージュなどの色にすると、べっ甲がナチュラルに見えます）

(3) べっ甲シールや金のパーツを貼る。
（シールの貼り方は右の文を参照！）

(4) トップコートを塗ったら完成！

Candoで販売されていたべっ甲柄のシール。爪の大きさにカットして、水にひたすだけでシール状に。爪にのせるだけで超簡単にべっ甲風のネイルが作成できます！便利すぎる…！！

Feature 手作りアクセサリー

こつこつ自作したアクセサリーたち。東京にあるたくさんのパーツショップから、お気に入りを発掘するのが楽しい。よく行くのは中目黒にあるパーツ屋さん。

Feature スケッチブック

学生時代から描きためてきたファッション日記。描き終わると蔵前のカキモリというお店で毎回新しいノートを作る。

おわりに

　私服日記を描き始めた時、初めてイラストをInstagramに投稿した時、自分の職業を選択する時、そして、この本を制作している時。何か転機が起こる時はいつも「ファッションが好き」という明快で真っ直ぐな感情が私をつき動かしてくれたように思います。

　そんな私の感情を受け止め、この本を手に取って下さった皆さん。イラストの更新を楽しみにして下さっている皆さん。そしてこの本の制作に関わって下さった皆さん。皆さんの暖かな気持ちに触れる度、私は感謝で胸がいっぱいになります。

　これからもファッションを通じて出会ったトキメキを、そっとスケッチブックに書き留めていこうと思います。

　またお目にかかる日まで、皆さんの好きな服たちが、前向きな感情をそっと後押ししてくれますように。

　この本を通じて出会えた皆さまの日々が、より良いものとなりますように。

ニシイズミ ユカ

──── ニシイズミ ユカ ────

東京都在住のイラストレーター。静岡県浜松市出身。テキスタイルとファッションのデザイナー経験を活かし、実用的な服装日記等、様々な切り口のイラストをInstagramに掲載中。数々の企業とコラボし、化粧品パッケージや広告、ファッション誌などの媒体で幅広く活躍中。

Instagram @shirokumaizm
Twitter @shirokumaizm

TOKYO GIRL'S FASHION DIARY

2019年2月14日　初版第1刷発行

著者　ニシイズミ ユカ

発行者　岩野裕一

発行所　株式会社実業之日本社

〒107-0062　東京都港区南青山5-4-30
CoSTUME NATIONAL Aoyama Complex 2F
tel（編集）03-6809-0452　（販売）03-6809-0495
http://www.j-n.co.jp/

印刷・製本　大日本印刷株式会社

デザイン　芝 晶子（文京図案室）

撮影　佐藤克秋

編集　杉山亜沙美

©Yuka Nishiizumi 2019 Printed in Japan
ISBN 978-4-408-33826-2（第一趣味）

本書の一部あるいは全部を無断で複写・複製（コピー、スキャン、デジタル化等）・転載することは、法律で定められた場合を除き、禁じられています。また、購入者以外の第三者による本書のいかなる電子複製も一切認められておりません。

落丁・乱丁（ページ順序の間違いや抜け落ち）の場合は、ご面倒でも購入された書店名を明記して、小社販売部あてにお送りください。送料小社負担でお取り替えいたします。ただし、古書店等で購入したものについてはお取り替えできません。

定価はカバーに表示してあります。小社のプライバシーポリシー（個人情報の取り扱い）は上記ホームページをご覧ください。